AF563773

L'ESPAGNE

EN 1837.

Imprimerie de A. Belin, rue Sainte-Anne, 55.

L'ESPAGNE

EN 1837,

PAR LE VICOMTE DE PONTÉCOULANT.

PREMIÈRE LETTRE.

PARIS,

CHEZ LES MARCHANDS DE NOUVEAUTÉS.

BRUXELLES,

A LA LIBRAIRIE MODERNE, MONTAGNE DE LA COUR, 2.

A MONSIEUR LE COMTE D***,

A BRUXELLES.

Je reçois à l'instant votre lettre, Monsieur le Comte, dans laquelle je vois que votre modestie s'irrite à l'idée de savoir votre nom et vos titres figurer à la tête d'un ouvrage : je les tairai, je saurai respecter une aussi honorable susceptibilité.

Je vous prie de croire cependant que je n'avais pas la sotte prétention de vouloir abriter cette toute faible brochure sous l'égide de votre puissant patronage; je sais trop bien qu'il n'est plus de nom, quelque honorable qu'il soit, qui, placé au frontispice d'un ouvrage, puisse en garantir le succès. Je vous prie, Monsieur le Comte, de ne voir dans ma démarche que le désir de vous rendre un témoignage public de reconnaissance, pour la bienveillante protection dont vous avez bien voulu honorer celui qui a l'honneur d'être,

Monsieur le Comte,

Votre très-humble
serviteur,

AD. Vte DE PONTÉCOULANT.

Paris, le 5 décembre 1836.

L'ESPAGNE

EN 1837.

Monsieur,

Vous avez lu avec intérêt les lettres politiques que j'ai eu l'honneur de vous adresser il y a quelques années; vous m'avez témoigné aussi le désir que je vous communiquasse mes réflexions sur l'Espagne, fruit de mon dernier voyage : je vous adresse donc ces lettres, espérant que vous mettrez à les lire la même bienveillance que celle que vous avez eu la bonté d'accorder aux précédentes.

Cette première lettre n'est que le sommaire de celles qui suivront; elle contient des idées générales seulement ; mais ces mêmes idées, ces mêmes propositions seront reprises et successivement discutées une à une.

Ceux qui ne voient l'Espagne et les événemens qui s'y passent qu'à travers le prisme trompeur des journaux, organes des deux opinions qui y luttent, ceux-là pourraient croire ce pays divisé en deux fractions, l'une franchement libérale et l'autre toute absolutiste, et cependant il n'en n'est rien ; les partisans de la reine Christine sont aussi loin de la liberté que les soldats de don Carlos le sont de l'absolutisme.

Pour bien connaître cette Espagne qui, aujourd'hui,

par ses dissensions intestines, occupe et inquiète toute l'Europe, il faut l'avoir parcourue dans tous les sens, avoir fréquenté les diverses classes qui composent sa société, avoir interrogé le peuple, et surtout avoir analysé les faits qui s'y sont passés, en les dépouillant avant tout du faux brillant qui les coloraient; alors, seulement alors, on peut se former une opinion exacte de la situation politique de l'Espagne.

Avant toute chose, il faut bien se pénétrer de la composition du royaume d'Espagne, de ce pays pour ainsi dire fédératif, agglomération bizarre d'une quantité d'états ayant chacun des chartres particulières qui se heurtent entre elles; chartres reconnues par les souverains, et qui, pour la plupart, sont bien plus libérales que toutes celles que pourrait leur octroyer un roi ou leur donner des cortès.

En 712, les Arabes firent la conquête d'une grande partie de l'Espagne, alors sous la domination des Visigoths, qui depuis 484 avaient embrassé le christianisme. Pélage, leur chef, se retira à Oviédo et résista à l'envahissement. Les chrétiens insurgés se maintinrent et fondèrent en 857 le royaume de Navarre, en 914 celui de Léon, en 1035 ceux d'Aragon et de Castille, et continuant à étendre leur domination sur les Arabes, ils conquirent peu après les petits royaumes de *Valence*, *Séville*, *Cordoue*, *Grenade*. Ce fut en 1479 que FERDINAND *le Catholique* et ISABELLE réunirent, par un mariage, tous ces petits états dont ils étaient les souverains ou les protecteurs, et établirent ainsi le royaume d'Espagne.

Les provinces qui n'avaient jamais été soumises à la domination des Arabe s'étaient données elles-mêmes *des droits* appelés *fueros*, plus ou moins étendus, qui tous furent reconnus par les souverains comme condition de leur acquiescement à la nouvelle forme qu'ils voulaient donner à leurs états.

Les provinces dont les droits sont ainsi reconnus sont celles *d'Alava*, *de Biscaye*, *de Guipuzcoa et de Navarre*. Ces chartres sont si libérales, que nous, habitués depuis 1814 à entendre discuter chaque jour les articles de celles qui ont régi et qui régissent encore notre vieille France, nous nous étonnons que des souverains aient pu les accepter.

La plupart de ces petits états ne fournissent aucun impôt, le commerce y est libre, les douaniers y sont inconnus, le pays ne donne aucun homme à l'armée, la troupe ne peut y séjourner qu'un jour seulement; les provinces sont administrées par une junte nommée par les habitans eux-mêmes; cette junte décide chaque année la somme qui sera donnée au souverain, non comme un *droit*, mais à titre de *cadeau*; en Biscaye, le Roi ne peut passer en voiture dans la province sans en avoir demandé la permission aux habitans; dans cette même constitution biscayenne, il se trouve un article que les assemblées les plus libérales de nos jours n'oseraient inscrire dans leurs lois.

Il est permis, dit cette constitution, *aux curés d'avoir à leur service une femme de mœurs suspectes, pour préserver par-là la tranquillité intérieure des familles.*

Dans une lettre suivante, nous entrerons dans de plus grands détails sur ces diverses constitutions.

Voilà les provinces où commande don Carlos!.. ce sont ces habitans que l'on voudrait faire passer pour des fanatiques, pour des soutiens de l'absolutisme! comme si des hommes allaient follement abandonner des droits gagnés, des libertés acquises et consacrées par des siècles d'existence, pour se rendre les très-humbles serviteurs d'un souverain, quand au contraire ils prétendent avoir le droit de le choisir et de lui commander!

Ce que veulent seulement ces provinces, c'est la conservation pure et intacte de leur *fueros*, car ils furent toujours les soutiens de la couronne les plus francs, les plus fidèles. En 1792, ils ont, par leur énergie, fait perdre au gouvernement français l'espoir de propager dans la Péninsule, à la pointe de la baïonnette, ses idées nouvelles. Dans la guerre contre l'empereur Napoléon, ce sont ces mêmes provinces qui ne cessèrent pas un seul instant de combattre; si leur résistance ne put être vaincue, c'est que les habitans croyaient qu'au maintien de la vieille dynastie était liée la destinée de leur liberté. Ces provinces acceptèrent, il est vrai, la constitution de 1812, mais seulement comme nécessité, comme planche de salut; à peine aussi Ferdinand a-t-il remis le pied sur le sol espagnol, qu'ils aident ce roi à parjurer son serment, parce que ce souverain les rend à leurs anciennes libertés. Quand, en 1823, l'armée française entra en Espagne pour soutenir et délivrer Ferdinand, ce furent encore ces provinces qui accoururent au-devant d'elle, car ces troupes françaises devaient coopérer à la destruction d'une constitution qui leur déniait leurs droits. Si la France se fût présentée dernièrement, lors de la publication de la constitution de 1812, le drame sanglant qui se joue en Espagne aurait cessé ; les provinces soutiens de don Carlos l'auraient abandonné pour se joindre aux Français venant abattre une charte qui détruit et anéantit leurs franchises. Dans toute cette querelle, les provinces insurgées ont accepté don Carlos, non comme *but*, mais seulement comme *moyen conservateur*.

Ensuite, craindre pour *don Carlos* le retour au despotisme, c'est se créer une chimère. Le despotisme de nos jours est un glaive à deux tranchans qui blesse presque toujours la main de celui qui l'emploie. *Don Carlos* est un Bourbon, et sa famille a éprouvé ce qu'il en coûte de vouloir entrer dans une voie rétrograde ; il se souviendra que ce n'est que parce que les Bourbons de France ont voulu nier 1792 et les progrès qu'il a fait faire à la nation, ce n'est que parce qu'ils ont voulu remonter vers le passé et méconnaître le progrès social, ce n'est que pour cela qu'ils sont tombés sous la faux du peuple ; car plus de prudence, moins d'orgueil, plus de respect pour la marche progressive du principe libéral, eussent assuré à la dynastie de Charles X encore des siècles de puissance et de domination sur cette France aujourd'hui perdue à jamais pour elle.

On parle sans cesse de la révolution espagnole : où donc est la révolution? Ce qui s'y passe, cette sourde inquiétude qui tourmente les masses, n'est-elle pas plutôt la lutte qui existera toujours dans le monde entre les deux classes qui le composent, *ceux qui n'ont pas* et *ceux qui ont?* Cette lutte se manifeste à de certaines époques : à Rome, c'est le peuple se retirant sur le *Mont-Sacré*; c'est la *guerre des esclaves* sous Pompée; c'est la *Jacquerie* en France; la révolte de *Watt Tyler* sous Richard II, en Angleterre, et, plus près de nous, l'insurrection de Lyon.

Quand de pareils faits ont lieu dans une société civilisée, c'est qu'il lui faut d'autres remèdes que des institutions et des lois d'avocats improvisées par assis et levé; quand ce malaise atteint les classes éclairées de la société, quand la littérature, qui est le reflet moral d'une époque, en porte surtout l'empreinte, c'est qu'il y a dans le principe des institutions quelque vice organique qui fait sentir son action à la société tout entière.

Or, aujourd'hui, hommes et choses, lois, littérature et religions sentent le besoin de se raviver et de se retremper au sein de quelque idée gigantesque qui, comme le christianisme ou la réforme religieuse du XVe siècle, soit l'œuvre d'une nouvelle époque sociale.

La situation politique et morale de l'Espagne, au XIXe siècle offre une foule d'analogies avec celles du monde romain après l'invasion des barbares et l'introduction du christianisme dans l'occident et le nord de l'Europe. C'était le même chaos, la même inquiétude, le même besoin d'abandonner un état de transition pour quelque chose d'arrêté, de définitif. Là, aussi, deux principes s'unissaient dans la société sans se confondre : le bel édifice des lois romaines et gothiques défiguré par les coutumes des peuples germaniques ; la féodalité et le christianisme se donnant la main quoique ennemis mortels ; le christianisme lui-même, défiguré par les traditions locales des différens peuples, et portant l'empreinte du paganisme expirant sous le mépris et l'indifférence ; la discipline modèle des cohortes romaines abandonnée pour les fougueuses attaques d'un courage aveugle et forcené ; les arts réduits à de grossiers travaux ayant pour objet la guerre ; la littérature cherchant à se faire jour dans d'informes productions, et confondant les souvenirs du Capitole et ceux du mont Thabor ; la société civile complètement déracinée et ses coutumes bouleversées par l'introduction des nouvelles relations entre les vainqueurs *des maîtres du monde ;* partout le désordre, et l'aspiration vers un principe organisateur ; partout le malaise et le besoin de donner à la société une unité quelconque.

Alors, comme aujourd'hui, il y avait conflit, lutte entre la société romaine qui se retirait en frémissant devant la civilisation germanique et féodale qui prenait possession de l'humanité.

Or, que voyons-nous dans l'Espagne qui ne puisse s'assimiler au tableau que nous venons de tracer ?

Le *paganisme* et la *conquête* avaient été l'expression de la société romaine, comme le *christianisme*, la *féodalité :* puis la *royauté*, les *communes*, avaient été celle des époques suivantes, et surtout du moyen-âge. Or, le moyen-âge, qui devait cesser son action sur la société, l'a continuée malgré tous les efforts. 1812 n'est qu'une violente secousse de la civilisation nouvelle cherchant à se débarrasser des liens du moyen-âge; 1823 fut une tentative d'y ramener l'Espagne, et 1833 fut le schisme sanglant qui l'arrache de nouveau à des mains rétrogrades pour la replacer dans la voie du progrès.

Mais rien dans ce qui se passe aujourd'hui en Espagne ne ressemble à une révolution sociale, et les faits accomplis par les hommes et les choses ne sont pas dignes de ce nom.

Il faut s'entendre sur la signification des mots, si l'on veut ensuite se trouver d'accord sur les choses.

Il y a révolutions et émeutes.

Les révolutions sont ou *sociales* ou *politiques*, et elles diffèrent essentiellement entre elles.

Les *révolutions sociales* changent la physionomie morale d'un peuple, parce qu'elles exercent leur action sur les institutions et le principe politique qui les régit.

Les *révolutions politiques* renversent une dynastie ou remplacent seulement la branche aînée par la branche cadette; le reste de l'édifice social n'est nullement atteint, et, à peu de chose près, les hommes et les choses restent les mêmes.

L'histoire compte peu de révolutions sociales qui ordinairement laissent une profonde cicatrice au front des peuples qui les ont subies.

L'invasion de l'Angleterre par les Normands, en

1056, sous Guillaume-le-Conquérant, fut une révolution *sociale* complète; elle tua l'heptarchie saxonne et la féodalité danoise, pour y substituer les coutumes et la féodalité normandes. Aussi, voyez si le pied du *conquérant* n'a pas laissé son empreinte bien plus dans les mœurs et les lois anglaises que dans la Tour de Londres.

La création du système des communes, sous Philippe-le-Bel, qui appela les vilains en 1285 au sein des états-généraux, la destruction des juridictions féodales par Louis XI, l'invention des armes à feu et de l'imprimerie sont des faits bien plus dignes, par leur conséquences, du nom de révolution sociale, que l'insurrection de juillet, qui remplaça un *Bourbon* par un *Bourbon*.

La révolution de septembre, en Belgique, fut bien plus complète que celle de juillet, en France; elle approcha davantage du caractère de révolution sociale, en ce que son action se fit sentir dans l'esprit des institutions qu'elle dénatura totalement. La secousse de juillet remplaça des hommes par d'autres ho mmes: là s'arrêta son action; elle vint mourir au pied d'un trône.

Les révolutions sociales sont ordinairement sanglantes; celle de 1792, en France, en est une preuve. Elle dut fouiller jusqu'au cœur de la nation pour en arracher tout ce qui était contraire au nouveau principe qui prenait possession de la société.

Mais pour bien faire sentir la différence qui existe, selon moi, entre ces diverses sortes de révolutions, une légère comparaison entre celles d'Amérique et de France au XVIIIe siècle suffira, je crois.

La révolution française fut plus entière que celle du Nouveau Monde, et par conséquent moins paisible dans son intérieur, parce que les Américains, contens des lois civiles et criminelles qu'ils avaient reçues de l'Angleterre, n'ayant point à réformer un système vicieux d'imposition, n'ayant à détruire ni tyrannie féodale, ni distinction héréditaire, ni corporation privilégiée, ni un système d'intolérance religieuse, se bornèrent à établir de nouveaux pouvoirs et à les substituer à ceux que l'Angleterre avait jusqu'alors exercés sur eux. Rien dans ces innovations n'atteignait la masse du peuple, rien ne changeait les relations qui s'étaient établies entre les individus.

En France, au contraire, la révolution devait embrasser toute l'économie sociale, pénétrer jusqu'aux derniers anneaux de la chaîne politique, jusqu'aux individus qui, vivant en paix de leur bien et de leur industrie, ne tenaient aux mouvemens politiques ni par leurs opinions, ni par des intérêts de fortune et de gloire.

Deux batailles finirent la révolution américaine; quarante années de sang, de troubles, de guerres, de réactions, ont à peine fermé la révolution française.

On étouffe, on comprime sans danger pour l'état une révolution politique, comme celle d'Italie ou d'Espagne en 1823; mais jamais on n'écrase impunément une révolution sociale.

Que voulez-vous? les premières ne sont souvent que

les conséquences de passions froissées, d'intérêts méconnus, d'ambitions déçues, qu'un léger remède peut guérir ; les secondes sont les secousses convulsives du génie de la civilisation et de la liberté, qui étouffent dans l'étroit espace où les ont parqués le despotisme et les priviléges.

Remarquons que lorsqu'une révolution sociale se prépare, lorsqu'une civilisation nouvelle prend la place de l'ancienne, elle ne fait pas pressentir son influence à l'ordre politique seulement, mais encore à la littérature, aux arts, à la religion ; aussi, l'époque de 1789, en France, se résume dans Voltaire, Diderot, D'Alembert, Condorcet, Mirabeau, Beaumarchais, etc., etc.

Mais aujourd'hui en Espagne, de quelque côté que nous tournions nos regards, nous ne découvrons pas un seul homme dont la main puissante laisse son empreinte à ce qu'il touche. En France, 89 enfanta des orateurs et des héros ; trois années de révolution dans la Péninsule n'ont rien produit ; hommes et choses restent les mêmes, *amour-propre* et *nullité*. Quand, à Madrid, on rencontre les hommes d'état de l'époque actuelle, recouverts de leur large manteau, on ne peut s'empêcher de se rappeler Anthystène ; il était aussi couvert d'un manteau au travers les trous duquel on apercevait son orgueil et sa nullité.

En Espagne, le peuple n'est pas mûr pour la liberté ; cette liberté n'est pas dans ses mœurs, dans son esprit : à peine vient-il de sortir de l'esclavage féodal et monacale, il est satisfait de ce qu'il a ; c'en est assez pour lui ; il n'en demande pas davantage ; il ne comprend même pas une plus grande dose de liberté; et, s'il veut faire un pas de plus, ce n'est plus la liberté qui le guide, c'est la licence, l'anarchie; alors, au lieu d'actions héroïques, au lieu d'actions vraiment dignes d'un peuple libre, ce sont des meurtres, des pillages, des incendies, des assassinats. Si la France a eu aussi ses malheurs, combien les horreurs qu'on lui reproche ont été glorieusement rachetées! Mais en Espagne on a le mal sans avoir le bien; on a le meurtre sans la victoire.

Les masses espagnoles n'ont point de sympathie pour les idées libérales; le peuple a bien, il est vrai, des accès que l'on veut prendre pour des velléités libérales, mais ce ne sont que des émeutes qui se calment aussitôt le meurtre consommé, ou le monastère détruit. Qu'il y a loin de l'Espagne de 1836 à la France de 92! là, pas d'élan national, point d'enthousiasme, tout y est sec, tout y est froid. En France, l'habitant des villes fut le premier lancé dans le mouvement; il fit taire ses intérêts particuliers devant le bien-être général. Mais les diverses classes de marchands qui composent la plupart des villes d'Espagne sont un empêchement à tout développement d'idées généreuses. L'égoïsme du boutiquier est là pour arrêter tout sentiment libéral et tout sacrifice patriotique lorsqu'il est contraire à ses intérêts. Le bas peuple s'inquiète peu que ce soit don Carlos ou que ce soit Christine qui occupe le Palais-Royal, pourvu qu'il puisse, enveloppé dans *sa cape* et appuyé contre les murs de la place publique, fumer sa cigarette et *tomar el sol*, se chauffer aux rayons du soleil. Une chose assez remarquable, c'est que, dans les révolutions libérales du Nord, ce sont les chefs qui ont failli aux masses, au lieu que dans les commotions des pays méridionaux, ce sont les masses qui ont manqué aux chefs; et cela tient à l'indolence, à la paresse de ces peuples. Voyez comme la nature a été sage dans ses prévoyances; car ce sont ces mêmes peuples, si paresseux, qui ont le plus de sobriété; avec une feuille de tabac, un peu de pain, quelques grains de riz, de l'eau fraîche et du soleil, on contente un Arabe, un Espagnol, un Italien...

Nous dirons franchement que, loin d'être partisant de la révolution, le peuple voit à regret cette guerre civile qui ne lui donnera pas plus de bien-être, que ce soit *Chirven*, que ce soit *Brama;* car il voit le despotisme partout, seulement ceux qui l'emploient changent de nom; mais il préfère encore la constitution de Ferdinand à celle de 1812, parce qu'il comprend bien que le despotisme d'un seul est moins lourd à supporter que le despotisme créé par la constitution de 1812, et exercé par une assemblée tout entière.

En Espagne comme en Angleterre, le peuple n'est pas propriétaire terrier; il n'est que laboureur, prolétaire, et les mesures impolitiques prises par le gouvernement l'a rendu froid à tout sentiment d'exaltation. On a commencé par mettre sous le sequestre les biens des partisans de don Carlos, qui sont, pour la plupart, les plus grands propriétaires terriers; ensuite celui des personnes qui, sans aucune opinion politique, mais seulement par crainte de la guerre civile, s'étaient éloignées. On a après sequestré également les propriétés de ceux qui n'ont pas voulu reconnaître la constitution de 1812. On a saccagé les monastères, chassé les moines; on s'est emparé des biens du clergé. Mais le sequestre ne faisant pas travailler, qu'est-il advenu? c'est que la masse, qui ne vit que de travail, se trouvant sans ouvrage, a maudit le gouvernement présent, et qu'il fait des vœux pour le retour de ceux qui lui fournissaient sa nourriture journalière.

La révolution la plus avancée en Espagne, c'est la révolution religieuse. Les madones catalannes ne renversent plus les lois de la nature en faveur d'un prince abritant sa puissance à l'ombre du frac de son confesseur; les balles libérales ne rebondissent plus sur la robe de Saint-François.....

L'Espagne, jadis si fanatique, est tombée sous l'influence de *l'indifférentisme* religieux, qui lui fait bien plus de mal que le *philosophisme* des encyclopédistes et le matérialisme des idéologues de l'école de Bichat. Chose remarquable, le catholicisme, qui suivit la royauté à travers toutes ses phases de puissance, de richesses et de gloire, s'est affaissé avec elle, frappé par les idées nouvelles. Le monde moral et religieux y est soumis aux mêmes tourmentes que le monde politique. Les rapports de l'homme à Dieu ont souffert, en Espagne, autant de modification que ceux du sujet au monarque. Si la monarchie absolue a trouvé des dissidens qui l'entourent d'un cercle d'idées hostiles, le catholicisme a aussi ses libéraux, qui, sans respect pour le trône de Grégoire VII et de Jules II, lui crient qu'il n'y a plus, pour lui, de pouvoir possible qu'à la condition de marcher avec le siècle ; et dans cette Espagne, cette terre de fanatisme, La Menais a bien des sectateurs qui ont reconnu avec lui que l'élément religieux de la vieille société était impuissant à conserver et à protéger la nouvelle, où l'immense développement des intelligences demande autre chose que des cérémonies créées pour frapper l'esprit et éblouir les yeux des Barbares qui s'étaient emparé des débris de la société romaine; aussi, *Les Paroles d'un Croyant*, livre moins étonnant par son éloquente hardiesse que par sa prescience anticipée de ses hauts enseignemens, ont trouvé beaucoup de sympathie dans la génération nouvelle. On s'en étonne ! ! mais étrange aveuglement que celui de ces hommes qui ne veulent pas voir que, lorsque les temps sont venus, il importe peu à l'humanité d'où part le premier coup de pioche qui doit rendre la liberté au torrent. Et qu'importerait La Menais, et que seraient ses paroles, si elles n'avaient la sanction de cet instinct social qui se reveille aux jours marqués par *Dieu*, pour ouvrir à l'humanité de nouvelles voies.

Deux mondes sont aujourd'hui en présence, deux civilisations se partagent la société; déjà la *révolution* ou, pour mieux dire, le *progrès* s'est opéré dans les arts, dans la littérature, dans les institutions; il nous étreint de toute part. Chaque jour voit saper des fondemens du vieil édifice, et vous voudriez quand la base est détruite conserver la coupole? Quand les intelligences sont mathématiques et froides, conserver ces cérémonies créées pour une société morte, pour un monde qui n'est plus ; mais c'est blasphémer contre les décrets de la Providence, qui a voulu que les prières et les gratitudes de l'homme suivissent les progrès de sa raison ; ce serait méconnaître la parole du Christ, qui est venu apporter au monde l'intelligence et la liberté, et non l'abrutissement et l'esclavage.

Comme principe politique régissant l'Espagne, la monarchie a perdu beaucoup de sa puissance ; le prestige de la royauté pure est tombé avec la constitution de 1812, et l'introduction de l'élément démocratique dans la forme monarchique, loin de donner à celle-ci une force nouvelle, ne fait que hâter sa ruine en montrant sa nullité. Mais au milieu de cette tourmente sociale qui jette tous les jours sur la plage des fragmens de sceptres, il reste cependant encore un beau rôle à jouer à la royauté espagnole, si elle divorce franchement avec les vieilles traditions, pour ne s'attacher qu'aux nouvelles ; mais il est à craindre que son orgueil ne se rebutte dans cette tentative; car de combien d'oripeaux ne devra-t-elle pas se dépouiller ; à quels priviléges ne devra-t-elle pas renoncer, de combien de degrés ne devra-t-elle pas descendre, pour se contenter sans irritation du rôle de premier citoyen d'une nation libre après avoir eu des esclaves qui lui criaient de toute la servilité de leur ame : *Tout ce peuple est à vous ; maître, il est l'heure qu'il plaira à votre majesté!* Que voulez-vous? les formes sociales s'usent avec les sociétés qu'elles gouvernaient. La monarchie doit marcher avec la civilisation et diriger le progrès social au lieu de s'efforcer à l'arrêter, en jetant sur la route des têtes de rois et des débris de trônes. Allez, il n'est permis qu'au prophète d'arrêter l'ombre sur le cadran d'Ezéchias.

Les monarchies actuelles ne ressemblent en rien aux royautés du moyen âge; l'état de la société dans ce temps-là faisait de la royauté un véritable bienfait pour les peuples, en les soustrayant au despotisme féodal des grands vassaux et aux empiétemens de la cour de Rome. En France, par exemple, nous montrerions le peuple recevant de Philippe-le-Bel ses franchises communales, de Philippe-Auguste son organisation municipale, de Louis XI ses libertés intellectuelles : partout enfin nous montrerions la royauté arrachant le peuple à la double influence abrutissante des hauts barons et du Vatican.

Aujourd'hui, il n'en est plus de même ; la royauté est à la remorque de la nation. De toute part surgit des constitutions qui lui arrachent petit à petit chaque fleuron de sa couronne, qui lui dénient ses droits, qui lui lient les mains, parce que la royauté s'est arrêtée, parce qu'au lieu de *précéder* le *progrès*, elle s'est traînée triste et rechignée sur ses traces, disputant chaque lambeau du pouvoir que la liberté lui arrache.

J'ai dit que je ne reconnaissais pas à la royauté espagnole la force morale de renoncer aux titres fastueux qui accompagnent son nom ; n'y a t-il pas un contre-sens politique et religieux dans ce titre pompeux de S. M. CATHOLIQUE ? car c'est en son nom que l'on confisque les biens de l'église, que l'on dépouille les tabernacles; c'est au nom de S. M. catholique que l'on chasse les moines des couvens, c'est au nom de S. M, catholique que l'on enlève l'argenterie et les bijoux décorant les autels, ainsi que les vases servant à l'exercice du culte !

L'Espagne a perdu cet ardent fanatisme qui enfanta des héros ; l'Espagne, cette vieille et poétique terre de liberté et d'esclavage, voit s'éteindre tous les jours cette race intrépide de *bandoleros* qui se multipliaient pour combattre une armée ; et puis la monarchie absolue y est morte; le sang de trois générations n'est pas parvenu à rendre à la pourpre de Philippe II son antique éclat. Aujourd'hui, dans ce pays, toute transaction de la part de la royauté avec la démocratie me semble inutile; ils diffèrent trop radicalement dans leur source et leur tendance; ils pourront se caresser, se sourire mutuellement, mais toujours une secrète défiance se fera sentir au sein de la société : tous deux aspirent à s'emparer de l'avènir du peuple, mais la devise monarchique, *Dieu et mon épée*, est encore trop profondément gravée sur la couronne royale, pour que l'humanité lui confie sans restriction le soin de la régir.

Et voyez aujourd'hui les inexprimables peines que prennent les souverains pour couvrir leur pouvoir d'un vernis démocratique, qui y grimace étrangement. L'absolutisme sent la société lui échapper, et, pour parer à ce malheur, il n'épargne rien: *Chartes*, *Constitutions*, *Privilèges* foisonnent, Dieu sait comme, mais sans rien produire; car un secret instinct semble avertir le peuple espagnol que le rôle de la monarchie pure est fini et que celui de la souveraineté populaire commence. Ce n'est plus la royauté pure qui peut prétendre au gouvernement de l'Ibérie ; il faut, pour qu'elle conserve ce droit, qu'elle se ravive au sein du nouveau principe, et nous avons vu les nombreux obstacles qui s'opposaient à ce qu'elle se dépouillât des oripeaux féodeaux qu'elle traîne à sa suite.

Le manque d'unité aussi fera avorter toutes tentatives de propagandes libérales en Espagne. Chacun veut de la liberté, mais il la conteste à son voisin : ce manque d'unité se fait remarquer en tout, dans le ministère, dans l'armée, dans les chambres.

Un ministre défait ce que l'autre ordonne; un général reçoit souvent trois ordres contraires à la fois; un émanant du ministre de la guerre par intérim, un autre du ministre de la guerre à l'armée, et un troisième du capitaine-général. Ne croyez pas qu'il y ait un plan de campagne arrêté d'après lequel les chefs doivent agir, — il n'y a aucun plan, aucun système, aucune base d'opérations convenues ; chaque capitaine-général mène la guerre dans sa province comme il l'entend, et souvent il arrive qu'il l'entend fort mal, comme le prouve la marche de Gomez à travers les Castilles, et ses promenades en Andalousie, dans la Manche et en Estramadoure. Il faut être en Espagne pour voir un chef faisant une pointe à 150 lieues de son quartier-général, mettre deux fois la capitale en émoi, et se moquer des armées qui courent à sa poursuite. Jugez ensuite de la force morale de la nation, et combien elle est peu enthousiaste des principes pour lesquels on veut la faire combattre; car Gomez avait, en sortant des montagnes de la Biscaye, environ 2,400 hommes seulement.

Ce qui arrêtera pendant long-temps encore l'essor libéral, c'est la crainte des cours du Nord ; c'est la peur que causent ces diverses cours aux ministres dirigeant la Péninsule, et qui les force à se ruer maintenant contre la liberté. Aujourd'hui cependant que deux nations ont donné à l'Europe l'exemple épidémique de revêtir leur robe virile ; aujourd'hui que les lumières répandues dans toutes les classes de la société ont rendu impossible cette nuit si favorable au privilége dont le despotisme enveloppait les nations, aujourd'hui que le cri de liberté a retenti des monts Ourals au cap Saint-Vincent, que la France, le Portugal et la Belgique forment une longue chaîne de peuples affranchis, quelle crainte l'Espagne pourrait-elle concevoir pour ses conquêtes libérales?..... aucunes...... et voici pourquoi.....

Ce n'est pas l'Angleterre, malgré son vieux machiavélisme tory, qui osera jeter le gant.

Ce n'est pas l'Allemagne avec son illuminisme enthousiaste, avec sa jeunesse ardente, si éclairée et si métaphysique, avec son immense et redoutable réseau de *Tugen Bund* qui enlace de toutes parts ses tyranneaux et ses principicules subalternes, avec ses profondes déceptions de 1807 et de 1814, avec sa vieille féodalité germanique qui craque et s'affaisse de vétusté, avec son brillant et patriotique rêve d'*unité* nationale devant lequel tomberont tous les petits despotes teutoniques; ce n'est donc pas l'Allemagne, disons-nous, qui fera menace d'opposition.

Ce n'est pas non plus l'Autriche, vieille monarchie podagre et goutteuse, à qui la pitié seule accorde un brevet d'existence; l'Autriche, courbant sous son rotin militaire la belle Italie, qui, en silence, aiguise le poignard qui doit la venger de toutes les humiliations, ne fût-ce que celle de voir souiller ses odorantes et molles *villa* par les émanations des casernes, des pandours et des Hongrois qui la piétinent, l'insultent et la fouaillent comme une prostituée vénitienne; ce n'est pas l'Autriche qui plantera une cheville à la roue du char démocratique.

Ce ne sera pas l'aigle russe, colosse si terrible, vu à travers les souvenirs de 1814, si faible aujourd'hui, que le sabre polonais lui a fait une profonde blessure. Ce ne sera pas la Russie avec son cauchemar de conspirations militaires, son Tobolsk, d'où lui viendra peut-être un jour la liberté; ses finances si précaires et si insuffisantes; les sourdes tentatives de féodalité militaire de ses nobles orgueilleux et frémissans, et peut-être le fatal avenir d'un nouveau Mazeppa, ralliant autour de lui les innombrables peuplades du Don, du Volga et du Borysthène, par le prestige d'un mot qu'ils n'écoutèrent jamais avec indifférence: *pas de tribus, pas de colonies militaires.*

En France, Charles X n'est plus! et pour le peuple Madame est morte.

En Belgique, la sagesse du prince, le bien-être individuel, le besoin d'ordre, l'espoir d'un avenir encore meilleur, garantissent la tranquilité intérieure.

Partout, en Europe, l'esprit de liberté se propage, s'enracine, et cette lutte si terrible du Nord contre le Midi, dont on fait encore un épouvantail, me semble à craindre moins que jamais. On ne fait pas la guerre à un ennemi attaqué d'un fléau contagieux, et pour le Nord, les idées de liberté sont plus à redouter que les sanglans souvenirs d'Iéna et d'Austerlitz. Ce n'est donc pas la menace des puissances du Nord qui doit, en Espagne, arrêter la marche du principe libéral.

Mais le ministère a reconnu lui-même que la nation n'était pas encore assez avancée pour le nouveau principe que l'on voudrait lui faire adopter; aussi il recule, et aujourd'hui, ce que le gouvernement espagnol craint le plus, ce sont les apôtres libéraux; il cherche maintenant à comprimer les idées nouvelles et à mettre *la lumière sous le boisseau.* Il voudrait bien la liberté, mais sans être forcé de la conquérir; il voudrait en obtenir les résultats sans éprouver la réaction, comme si les corps sociaux n'étaient pas, comme les corps physiques, soumis aux mêmes lois, ayant besoin les uns et les autres de remèdes violens pour des grands maux. Vouloir arrêter aujourd'hui un mouvement commencé, c'est vouloir remonter un roc au sommet de la montagne et en dépit des lois de la gravitation et de la nécessité; c'est vouloir retomber écrasé sous son poids; et ces ministres aveugles ne voient pas le précipice vers lequel ils courent. Qu'ils y songent bien ces hommes imprudens qui jettent un trône sous les roues du char révolutionnaire, dans l'espoir de l'enrayer, ils seront brisés eux et leur maître, et cet obstacle d'un moment ne fera que hâter sa course vers le but auquel tend le peuple.

BIEN-ÊTRE POUR LE PLUS GRAND NOMBRE, ÉGALE RÉPARTITION DES CHARGES PUBLIQUES.

Dans la seconde lettre que je vous adresserai, j'examinerai avec détails *les fueros* des provinces basques, parce que je crois qu'ils vous sont inconnus. Pardonnez la diffusion de celle que je vous adresse aujourd'hui ; elle est, pour ainsi dire, la simple reproduction des impressions de mon voyage dans la Péninsule ibérique.

BIBLIOTHEQUE ROYALE
I

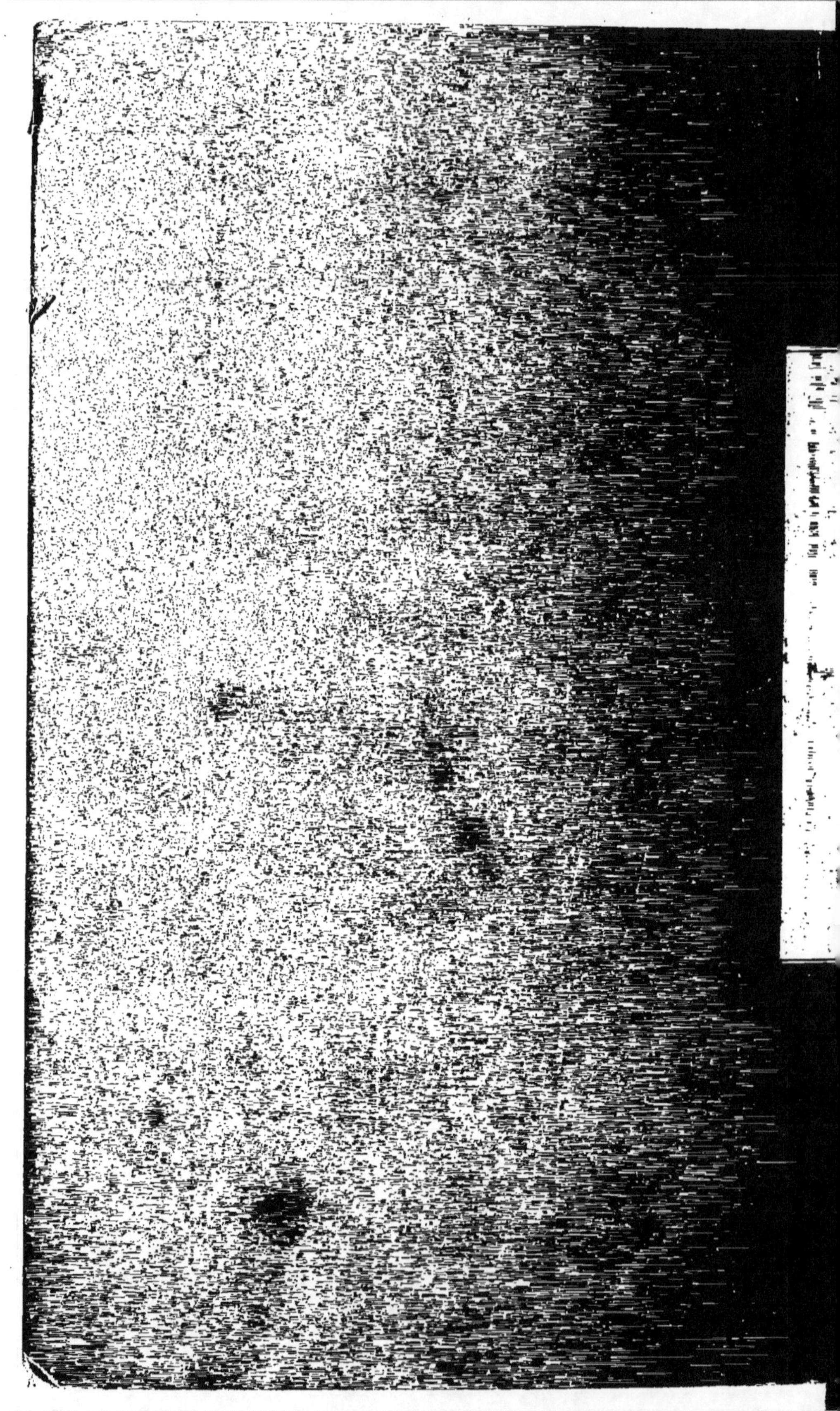

www.ingramcontent.com/pod-product-compliance
Lightning Source LLC
LaVergne TN
LVHW020303230826
846091LV00006B/2504
* 9 7 8 2 0 1 3 3 7 7 0 7 2 *